LOS CANTOS DE SAMAEL

Whigman Montoya Deler

Ediciones Laponia
Houston, TX
2024

Copyright © 2024 Whigman Montoya Deler
Todos los derechos reservados.
Título: Los cantos de Samael
Autor: Whigman Montoya Deler
Corrección y edición: Juan Manuel Alsina Milanés

Diseño de portada, contraportada y maquetación:
Jorge Venereo Tamayo
Imágenes interiores:
Les songes drolatiques de Pantagruel de Francois Rabelais

Todos los derechos reservados. Publicado en los Estados Unidos de América por Ediciones Laponia, LLC. Prohibida la reproducción total o parcial de este libro sin autorización previa del autor.

Información de catalogación de publicaciones disponible en la Biblioteca del Congreso de los Estados Unidos.
LCCN # 2024952702

ISBN: 1-7365719-6-6
ISBN-13: 978-1-7365719-6-5

info@edicioneslaponia.com

www.edicioneslaponia.com

Hecho en los E.U.A. 2024

Índice

El suplicio de la rueda 9
El tormento del agua 11
Aplastapulgares I 13
El Toro de Falaris 15
Aplastacabezas 17
Desollamiento 19
Empalamiento 21
Doncella de hierro 22
La sierra 25
La pera de la angustia 27
Limpieza del alma 29
Cuna de Judas 31
La Máscara 33
Péndulo 35
Aplastapulgares II 37
Cinturón de San Erasmo 39
Desconfianza 41
Maniqueísmo 43
Panóptico o El Gran Hermano 45
Desgarrador de senos 47

Jaula colgante..49
Lingchi..51
Yoguis y faquires..53
La cigüeña 55

Transformar al ser en un no ser infinitamente superior, tal es el fin de la creación del mundo. El proceso universal es un perpetuo combate... que sólo acabará con el aniquilamiento de toda existencia. La vida moral del hombre consiste, pues, en tomar parte en la destrucción universal.

La Philosophie de la Liberte, de Rudolf Steiner

F 2

El suplicio de la rueda

Los hombres se pusieron en pie
no hubo ley, media luna ni cruz que los atara.
Ya nadie cree en oráculos, palomas
nadie quiere morir aplastado por el peso de la casa
ni verlos regurgitar la ceba-palabra: aguante.
Cualquier yugo puede nombrarse
Vía Dolorosa:
Avenida Habib Burguiba
Paseo Marítimo de Alejandría
calles de Bengasi
llanura del Ariguanabo.
Caes y te levantas.
En la pubertad se cambia la voz
pero los verdugos han decretado romper
las calles del descontento
fragmentar las nueces desde arriba
semejante a los quebrantahuesos.
Ellos reavivan el suplicio de la rueda
lanzan sus tortugas sobre los Esquilos.
Tenerte postrado es el peor martirio.
Te levantas y caes.

Niegan la rueda del molino
la arcilla en movimiento.
Los osos no huelen una idea
ni las ratas son fieras en los circos romanos.
La desobediencia también es rueca.
De tanto resistir nos hemos convertido en resistencia.

El tormento del agua

Confieso que respiro
que mi cuerpo es agua
y sobresale en hacer el bien.
Si ponen un dique me detengo
si se me abre camino fluyo por él.
Por eso dicen que no lucho.
Como todo caminante y peregrino he tenido mi pozo
/y mi botella.
En toda lluvia hay algo de diluvio
que destruye las formas
y en todo cuerpo hay una fuerza
un pez terrestre.
La vida y la muerte en cuenco de agua:
morir por hipotermia
morir por descompresión
morir de sed
morir ahogado.
Confieso: me encharco
lino y agua confluyen en mi boca.
Lamento desconocer nombres de curas, escribanos
/y verdugos.

Si hay dureza en este cuerpo, también tormenta.
Cada gota acarrea *el mal de la piedra* en esta frente.
He muerto veinte veces en el Valle de Unza
he sido sepultado
me elevo y me contemplo en las aguas del lago.

Aplastapulgares I

Las mismas manos que aplastaban la maza
el mismo panadero a quien pensabas vencer por completo
ya rotas las falanges por presión, mudo.
Quebrada la voz responde:
No sólo de pan vive el hombre.

El Toro de Falaris

Debemos ser dos para ser cuerno
toros o bueyes.
Da lo mismo girar alrededor del molino
andar sobre el barro
llevar la carga
tener "limitaciones" en cuanto a doma:
no aprender a caminar hacia atrás es requisito para la
/negación.
Hay *que estar hasta los huevos*, y no tenerlos, para salir al ruedo.
Hay que tener semen en el frontal para el día del embiste.
Allá ellos: los cérvidos y sus cuernas en días de mudanza
y los Falaris.

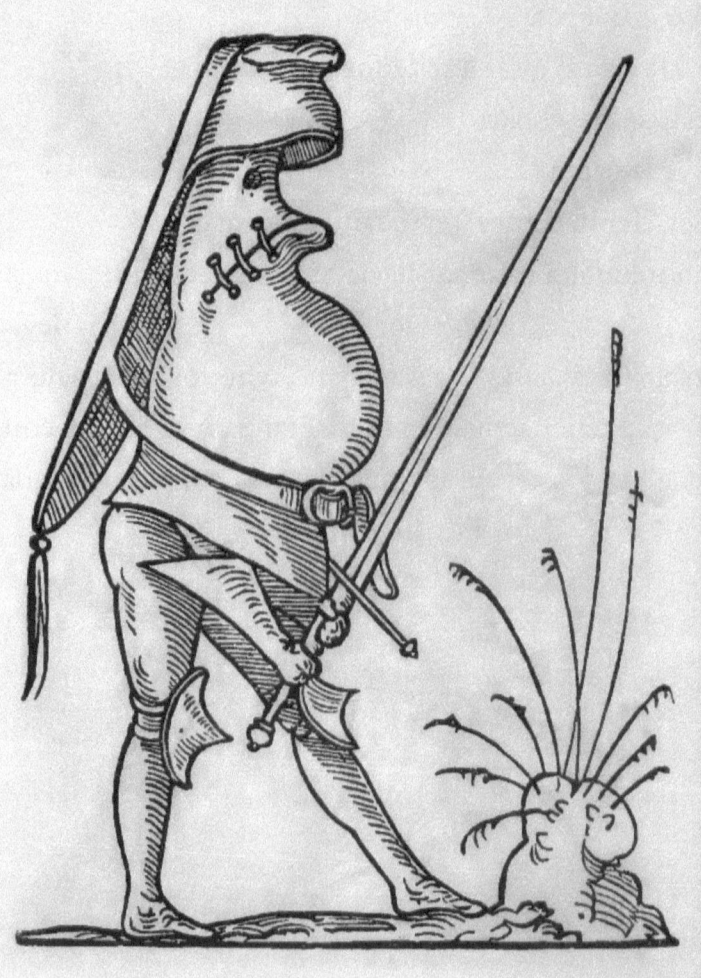

Aplastacabezas

al pueblo eritreo, el más triste

Cada conato que se amasa es por aplastamiento.
El Cuerno del infierno dicta con mano dura.
Cuánta muerte ha salido a apisonar con martillo la vida
/de por vida.
Entre dos sierras, a paso de hoz
cuánto filo para segarte.
Si lo nuestro no es vida a pesar de la acacia, las gacelas
de tus desiertos, también míos
de mi mar en sangre y tu isla detenida
¿cómo huimos de esta necrosis?
Un país carga y se vacía en muertes sucesivas:
te capturan hasta vender tu vida
negociar el rescate de tu segunda muerte y la tortura.
Da lo mismo si se llaman beduinos en el Sinaí
policías en Sudán, polleros en Juárez.
¡Trágame tierra!
La libertad puede encontrarse en otro mundo:
en el dedo del soldado etíope desalmado

en las costas de Libia o la Florida
hasta en Suecia, el otro mundo.
¡Y estar vivo!

Desollamiento

Lo malo y lo aberrante se desplaza
la carne desprovista de ropaje
me dicen que por eso soy salvaje
yo soy un ser humano, de mi casa.
No sabe la persona que me abraza
que quita capa a capa con su mimo
que soy como una puerta, me reprimo
y con tiras de pieles me decoro.
De mí mismo las heces como el oro
yo cargo en mi indigesta mi racimo.

Empalamiento

Aquel, que ha temido acceder a tu "dominio"
y con esa anhelada intromisión de pueblo
ha visto a la madera como símbolo de paz
y ha cruzado los umbrales de las puertas
pisoteando la consagración de los grifos
en calle vencida, penetrada
ahora dueños del recinto superior.
Ese, que no ha sido a bien moler a palos
y ha construido su columna casi mineral como el ñandubay.
Este otro, que como el campesino italiano
                              /del valle de Po
se rehúsa a cortar el pan de polenta con el cuchillo metálico.
A todos les has cogido el palo por el lado que arde.
Simulas dragones, señores de guerra
acostumbrados a los arietes topan y destruyen la carne
diestros en trepar escaleras de asalto para sitiar tu pituitaria
en usar las catapultas: cuervos que perforan hasta los
                                       /tuétanos.
Ellos lo saben, aún estamos vivos.
Nos hemos comido la madera.

Doncella de hierro

Te digo:
Se oscurece la tierra por tres clavos
por el sufrido y su herida
por el hijo.
Un acontecimiento
experiencia
representación
relato
teología del amor.
La luz y *La Piedad* de Miguel Ángel.
También se oscurece mi vida:
cientos de clavos en abrazo de mujer
la impiedad del hierro me recibe
otro sufrido y otra herida
otro hijo.
Algo ocurre.
¿Qué decirte?:
espanto
vacío
silencio
odio
oscuridad y La Apega de Nabis.

¡Mira! Éste es un lugar donde no se puede tocar el violín.
Aquí se rompen las cuerdas de todos los violines del mundo.
¿Me habéis entendido poetas infernales?
Virgilio, Dante, Blake, Rimbaud…
¡Hablad más bajo!
¡Tocad más bajo! ¡Chist!
¡Callaos!

Auschwitz, de *¡Oh, este viejo y roto violín!* (1965), de León Felipe

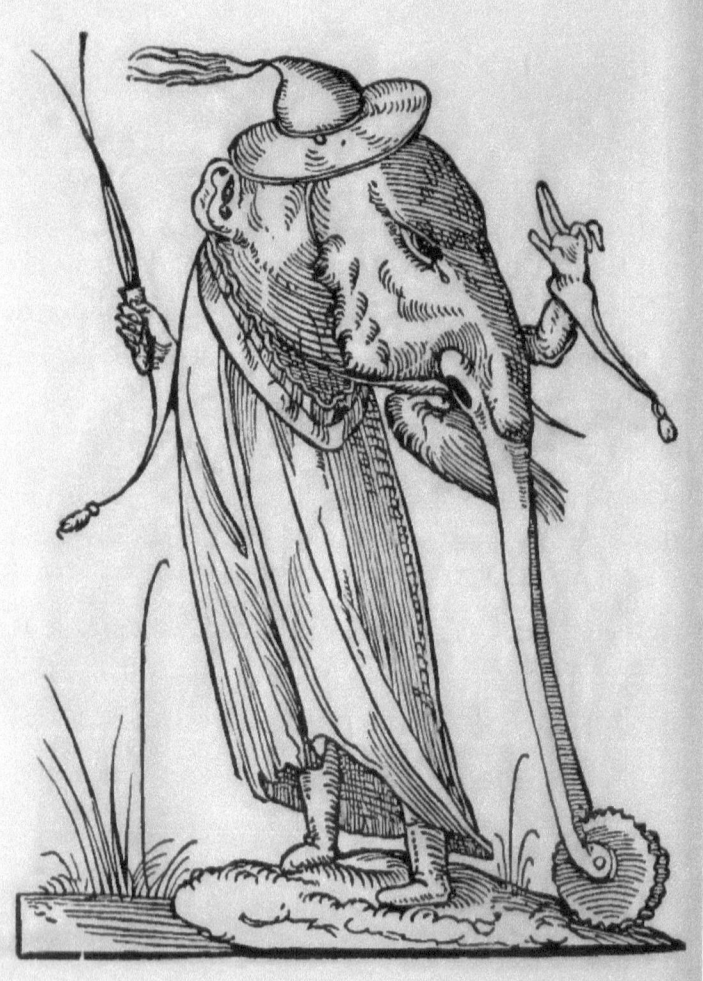

La sierra

Que llega por el mar el erotismo
lo sabe ya muy bien la buceadora
tentáculo en la oreja, gozadora
chorrea telarañas el abismo.
Octópodo sin lengua: el comunismo
el sexo tiende a ser algo forzado
disiento y en mi cuerpo torturado
la vulva es agredida capitana.
Por un pomo de aceite eres lesbiana
yo tiro con mis bueyes, soy arado.

La pera de la angustia

Si el mundo fuera diferente
si no hubiese esa gran manivela, ese artilugio
el Behemot devorador de gramíneas
no habríamos terminado en esta angustia fálica
obligados, a golpes, a desenroscarle los tornillos al silencio
a entregar la tinta nombrada en cada hoja
luego ver el tormento de sombra perseguir al cuerpo.
Pero a pesar de todo:
de la pera, del lenguaje y el fuego en nuestras manos
convivimos con nuestra casa: cuerpo hueco.
Sobrevivimos sin importar cuan humillante sea la falta
sin ni siquiera pensar llevarnos a la boca ni un pétalo de loto
o nadie recordará lo que pasamos.

Limpieza del alma

El alma la he perdido, sobrevuelo
el palo de la escoba se ha partido
mi lengua a mis hermanos ha barrido
hoy vivo con la carga por el suelo.
Recojo piedra, leña; entonces muelo
la gran olla caliente: mi tranvía.
Carbones, agua, hierro abrasaría
ya tuve mi desplome y mi mostaza.
Quedó el jabón ardiente en esta taza
tragarlo es el remedio, cosa mía.

Cuna de Judas

La paz en el hogar se ha perturbado
la cuna pues será cuna de Judas
tu barca, una grieta, ya no hay dudas
más nunca dormirá, te han torturado.
Hay yoyo sin cabuya, hay un ahorcado
la cesta desarmada es una ova
un nudo corredizo, soy tu loba
calostro, pecho y tú, este es mi voto
dolor te ha perseguido en esta foto
tendrá sus mismos ojos, supernova.

La Máscara

La máscara fue sólo el instrumento
en tu totalidad te castigabas
los golpes en tu frente como aldabas
la lengua atravesada, el excremento.
El ojo tras la puerta el complemento
la casa más verdad que el disimulo
te lanzas al abismo como el mulo
la cápsula se abrió ya no hay sutura
la brida te has clavado en la escritura
redacta ya tu verso, a lo Catulo.

Péndulo

Cómo mirarte por encima del hombro si me duele.
Yo también tuve parto de brazos a mi espalda
y camino izquierdo hacia la muerte.
Cómo encogerme de hombros frente al afecto
sólo lo haría para no dar respuestas
o frente a mi propia y atada indiferencia.
Si todos hubiéramos podido arrimar hombros
el efecto de separar lo unido hubiera sido más llevadero.
Dos minutos y medio cuentan:
no estamos en París sino en Cayena.
¡Yo que calafateaba barcos, esclavo de tus besos
hacía nudos y llevaba brazaletes empalmados
a la virginidad de las mujeres!
Pero ahora soy como un *Flamen Dialis*
impronunciable como la palabra cadáver
o carne cruda.

F 4

Aplastapulgares II

La señal de la cruz y su comienzo
ese dolor pulgar clavado como hierro
la ceniza y la cruz sobre tu frente
el mismo dedo que rozó tus labios.
No hay otro con igual desliz sobre tu boca
o por mi frente sudorosa.
Dedo pirotécnico
en llamas sobre la fosforera
o pequeño y oscuro en boca de niño.
El dedo indicador pudiera terminar sobre la mesa
debajo de cierto Viacrucis en zozobra
señalado por otro delator el cual indica que vengas
y a quien no puedes decirle no ni con el dedo.
No hay nada de cordial en sentir la atrocidad más larga
la ofensa de perder tu dedo fálico.
Si alguna vez hice presión fue del dedal contra la aguja
si algo afirmé
fueron las muescas del metal contra el metal.
Incapacitar anillos tampoco anula el matrimonio
antes hubo promesa curva y apretada.

Sólo me queda este dolor y aquel abrazo
aquel entregarme a la suerte
antes de cruzar la calle y los dedos.

Cinturón de San Erasmo

Con cada movimiento me lacera
respiro lo preciso; limitado
ceñido a mi cintura lo has atado
verdugo, tú el gusano de la Era.
Estoy determinado en una esfera
ya nadie nos protege, nos desunen
que igual a un Ouroborus nos vacunen
tatuándonos la piel: la culebrilla
el hombro romperá la jeringuilla
los malos se trasmutan, se reúnen.

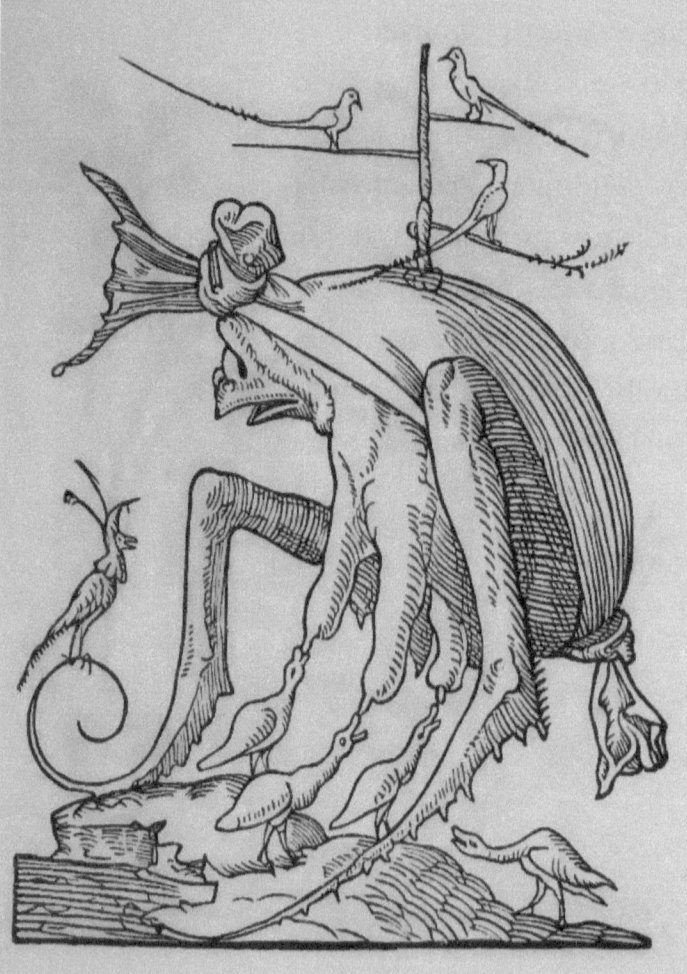

Desconfianza

La mano del pariente borra el miedo
del niño asustadizo en cuarto oscuro
de joven se levanta contra el muro
la misma mano es lengua siempre dedo.
Ladrillo sin cemento: casa, enredo
desprenden los espacios de confianza
violencia que se expone como lanza
tapándote el puñal en la vitrina.
Hermano nos entrega a su doctrina
comienza desde dentro la matanza.

Maniqueísmo

Hay niñas, cinturas y aros
ha comenzado el juego.
Más allá de la risa y la inocencia
se ha activado lo más oscuro:
un sótano vivifica las fuerzas de la muerte.
Giro circular, marcha, certeza de lo frío.
Yo, centro de esa figura geométrica como inculcación
me auto confirmo:
los buenos y los malos, lo inexorable.
La ideología en juego
la tortura por el bien de todos.
Yo, en mi dilema mortal, ineludible
he apretado a sus cinturas el aro de cuchillas afiladas.
Lo que pareciera ser tortura
en tortura se convierte.

Panóptico o El Gran Hermano

El gran ojo que todo lo veía
con la lengua afilada que delata
son hoy torres 5G, poder, Big Data
¡vecina insuperable! eso creía.
Yo era el rey del zigzag, lo poseía
sin mano dando siempre macanazo
echaba todo fuera por si acaso
hoy va todo pa´dentro: aspiradora
Wechat o el Alipay que nos devora
El cell: tengo en mi mano un marcapaso.

Estaba en una torre, tan profunda por el lado de la tierra y tan alta por el lado del cielo, que toda mi existencia parecía destinada a consumirse en subir y bajar.

Aurelia, de Gerard de Nerval

Desgarrador de senos

> La sangre ha corrido, la desgracia ha pasado.
> Proverbio Árabe

Ella tuvo senos transitorios, seudo amantes
abuelas con carbones encendidos, algo ajeno.
Otra vez seno como maldición depositaria.
Si hay algo de valor guardado, ha sido el asco
o aquellos tatuajes: puntas al rojo vivo.
Los ha usado como magia imitativa:
y no te tuvo
y se agrietaron sus pezones por la herrumbre
por tanta sal sobre la superficie metálica.
Así como el tatuaje de abeja garantiza la miel
has asegurado ver correr la sangre.
Todo sacrificio invierte.
Hay algo místico en la marca
más que en la señal de la cruz.
El cuerpo es tuyo.

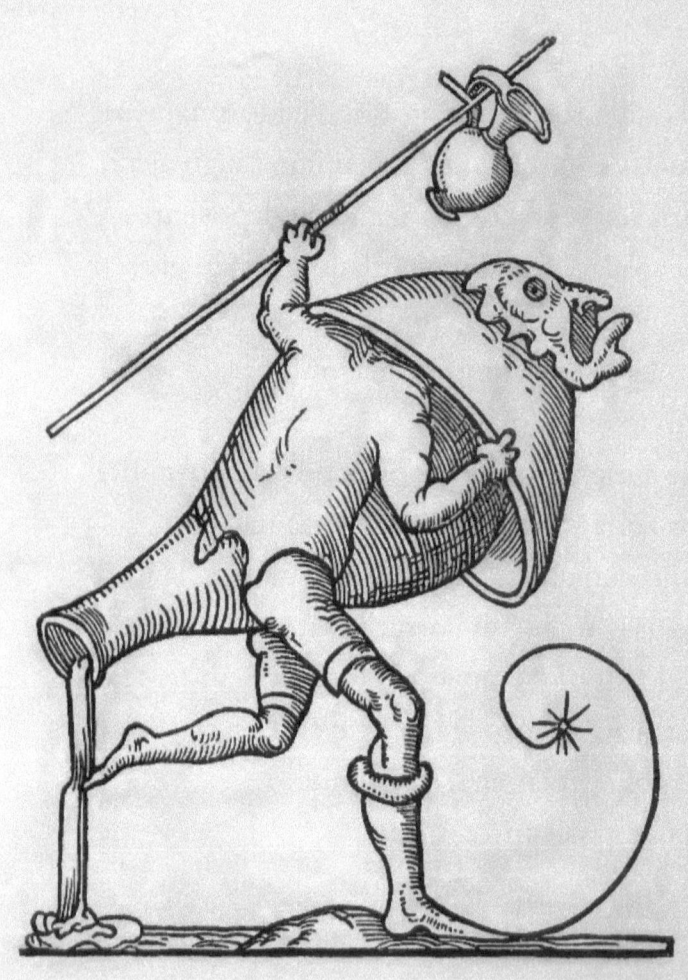

Jaula colgante

Hay toda supresión en el desorden
derecho no se explica, sólo dicho
un algo excepcional, puro capricho
transgrede y decolora lo que aborden.
¡No soy tan animal, qué ni me engorden
con lo de libertad si colaboro!
Yo me resemantizo como el loro
apenas dimorfismo ya en mi raza
exhiban lo que quieran, mi carcasa
no callo tropelías, reincorporo.

Lingchi
    muerte de los mil y un corte

Sólo era uno, el torturado
solo con su desnudez a cuesta
desnudez pública
como centro de la diana.
Cada tajo de la misma carne
multitud de cortes
turba que grita:
carne de hombro, de pecho, de costilla:
la descentralización de la carne.
Ellos no saben de conversiones.
Cada trozo es carne de mi carne.
Todo grito es de la multitud que sobrevive
privada de voz, dispersa
cuando en algún seno materno
se forma un hijo.

Yoguis y faquires

Faquires y mendigos ya pululan
suplantan al que es yogui verdadero
degüellan una vela en Varadero
su buque ya naufraga, lo simulan.
El cuerpo que osifican, lo estrangulan
la cámara pleural está drenando
se expanden los pulmones, voy sangrando
la mano mucho tiempo ya cerrada.
La uña, como yugo, traspasada
el yogui se sujeta respirando.

La cigüeña

        Al poeta Luís Milán

En la prisión Karosta: puertas del infierno
tras la puerta de aislamiento
tras la puerta de seguridad
tras la torre de guardia
tras el faro
tras el muelle y la costa rocosa
incluso más allá del mar
tras la puerta de nuestra casa, estás tú.
Ahora soy sólo un número desnudo, arbitrario
el ausente de tus cartas.
De cierto estoy en posición incómoda.
Escucho.
Todos me burlan el poeta
y me han dado a leer aquel libro: El Bloque
no creo que sea por cortesía
ni por lo de la Pena Capital (una patraña)
sino por castigo.
Hay mucho mío en ti
lo sé porque el faro ha anidado en la cigüeña
y es la luz que ves desde tu negra costa.

Yo dormía sobre el cemento frío
pero me he hecho nido con lo insufrible y continuo
más allá de los barrotes.
Más allá de las barreras, más acá de mí
hay sólo membrana en la conmoción irreversible del parto
y salgo con mi pedazo de ombligo seco en frasco
como quien lleva su porción de tierra.
Voces hiladas de la cuerda
justo en la *salida de emergencia*.
Hacia el exilio.

Los cantos de Samael de Whigman Montoya Deler concluyó su proceso editorial en diciembre de 2024 en la ciudad de Houston, Texas.

www.ingramcontent.com/pod-product-compliance
Lightning Source LLC
Chambersburg PA
CBHW030535080526
44585CB00014B/960